# LE TRIOMPHE DES ARTS,

## BALLET
### REPRESENTÉ
### PAR L'ACADEMIE ROYALE DE MUSIQUE.

Le seiziéme jour de May, 1700.

A PARIS,
Chez CHRISTOPHE BALLARD, seul Imprimeur du Roy pour la Musique, ruë S. Jean de Beauvais, au Mont Parnasse.

M. DCC.
AVEC PRIVILEGE DE SA MAJESTÉ.

# A MONSEIGNEUR
# MONSEIGNEUR
## LE DUC DE BOURGOGNE.

Rince, c'est à TOY seul que je dois cet Ouvrage;
Le seul choix du sujet T'en assûra l'hommage;
J'offre les Arts vainqueurs à leur jeune Apollon;
Sans doute aprés mon Titre on attendoit TON NOM.
Fidelle imitateur de LOUIS, de TON Pere,
TU nourris pour les Arts un goût hereditaire;
Tes bienfaits T'ont déja merité leurs efforts;
Qu'ils se hâtent pour TOY d'ouvrir tous leurs tresors.
Que déja Calliope en devançant l'histoire
Aux siecles à venir consacre Ta memoire,
Et que la Terre entiere instruite par sa voix

A ij

Puisse par Tes vertus préfager Tes exploits.
Ne crains point de fon art la flateufe impofture,
Elle n'aura pour TOY qu'une loüange pure;
Il eft vray que fouvent le plus fincere Auteur
Eft forcé d'employer un ftile adulateur,
Que fouvent à des Grands qu'il feint de méconnoître
Il dit moins ce qu'ils font que ce qu'ils devroient être,
Et que pour affouvir un orgüeil qui lui fert,
Il habille en loüange un reproche couvert;
Mais faut-il à fon art imputer ce caprice?
C'eft la faute d'un Grand qui veut qu'on l'applaudiffe;
A des éloges vains il fe laiffe éblouïr,
Il veut s'en rendre indigne, & pourtant en joüir.
Cet interêt le rend liberal, magnifique,
Mais Tu reçûs du Ciel un cœur plus heroïque.
Ton feul goût pour les Arts fait agir ta bonté;
TU ne les aimes point pour en être flatté;
Libre comme LOUIS, de cet abus étrange
TU cherche la vertu fans chercher la loüange,
Et lorfque pour les Arts je celebre Tes foins
Je fçay que c'eft à TOY que je plairay le moins.

HOUDART DE LA MOTTE.

# AVERTISSEMENT.

LA Grece, où les Arts ont le plus fleuri, m'a fourni toutes les actions qui entrent dans cet Ouvrage : Elles sont heureusement si celebres, qu'au seul nom des Acteurs on connoîtra dequoy il s'agit; aussi n'est-ce que sur la forme que j'ay donnée à ces actions, que je crois devoir faire icy quelques remarques.

Il ne nous reste des Ouvrages de Sapho, qu'un Hymne à Venus & le fragment d'une Ode à une amie. C'est de ce fragment, où Sapho fait voir la passion la plus vive, que j'ay tiré son caractere, & son Himne m'a fourni l'idée de celui que je luy fais offrir à Venus pour se la rendre favorable : Je me serois fait honneur de conserver ses pensées & son tour si je les avois crû de nôtre goût; mais la plûpart des beautez des Anciens sont attachées, ou à une expression particuliere à leur langue, ou à des rapports, qui ne nous étant pas familiers comme à eux, ne nous sçauroient faire le même plaisir; ainsi j'ay mieux aimé donner un mediocre original, qu'une copie froide & languissante : Enfin j'ay tourné en veritable apotheose le Titre que les Anciens ont donné à Sapho de dixiéme Muse, & cette liberté est trop à la bienseance du Theatre où je l'employe, pour craindre qu'on me la reproche.

## AVERTISSEMENT.

Je n'ay presque rien changé à la fable d'Amphion, j'ay seulement rassemblé ce qu'on en publie; les Poëtes disent qu'il éleva les Murs de Thebes au son de sa lire, & les Mithologistes, qu'il rassembla les hommes jusqu'alors dispersez dans les forêts, & qu'il les réünit sous les loix d'une societé raisonnable : Je joins ces deux merveilles dans mon entrée, & le lien dont je me sers, est l'ambition délicate que je donde à Amphion, de couronner ce qu'il aime; motif assez vray-semblable & que j'ay crû interessant. J'ay encor caracterisé Niobe par ce sentiment trop vif de son bonheur qui lui attira l'indignation des Dieux à qui elle osa se préferer.

Pour la Peinture, je n'ay point eû la liberté du choix, le seul trait d'Apelle qui devint amoureux de Campaspe en la peignant, & qui l'obtint ensuite de la generosité d'Alexandre, ce seul trait, dis-je, pouvoit convenir à mon sujet; une chose entr'autres pouroit donner quelque prise à la critique dans la maniére dont je l'ay traitté : c'est que Campaspe prefere Apelle à Alexandre; mais outre que j'ay adouci cette préference en exposant, qu'Apelle étoit aimé avant qu'Alexandre déclarât son amour, & en faisant sentir à Campaspe même l'illusion que son amour luy fait sur le merite d'Apelle; c'étoit encor l'unique moyen de rendre l'action judicieuse & propre au Theatre. Que Campaspe aime Alexandre; il y auroit de la tirannie à la remettre aux

## AVERTISSEMENT.

mains d'Apelle; Qu'Alexandre ne l'aime pas, il y auroit peu de generosité à la céder; & enfin que Campaspe n'aime rien, ce seroit un personnage froid à qui l'on ne prendroit nul interêt; au lieu que dans ma disposition Alexandre excite l'admiration par l'effort qu'il se fait, & Apelle & Campaspe excitent la joye par le bonheur qu'ils obtiennent : d'ailleurs, mon sujet étant la gloire des Arts, j'ay crû que sans choquer la vray-semblance, je pouvois supposer dans Campaspe un caprice d'amour qui fit briller avec plus d'éclat le pouvoir de la peinture.

Celuy de la Sculpture paroît avec excés dans l'amour de Pigmalion pour sa statuë, j'ay orné cette Entrée de la passion d'une Propetide persecutée par Venus, qui la change en rocher au moment qu'elle anime la statuë de Pigmalion ; les emportemens de cette Propetide contrastent la douceur de sa rivale, d'autant plus heureusement que pour cette varieté je n'ay eû besoin que d'unir deux fables qu'Ovide n'a presque pas separées,

Voilà ce que j'avois à dire sur la disposition de cet Ovrage ; mais quelque raison que j'apporte, je ne me flate, ni d'avoir surmonté toutes les difficultez de mon sujet, ni d'en avoir rendu tout les agréemens.

# ACTEURS.

### PREMIERE ENTRE'E.

APOLLON. Monsieur Hardoüin.
Le Prestre d'Apollon. Monsieur Desvoyes.
Troupe de ceux qui ont servi à la construction du Temple.
VENUS. Mademoiselle Maupin.
Troupe de graces & de plaisirs.

### SECONDE ENTRE'E.

SAPHO. Mademoiselle Desmâtins.
DORIS. Mademoiselle Basset.
La Prestresse de Venus. Mademoiselle Renaud.
Troupe d'amants & d'amantes consacrez à Venus.
PHAON. Monsieur Choplet.
NEPTUNE. Monsieur Labbé.

### TROISIE'ME ENTRE'E.

AMPHION. Monsieur Hardoüin.
EURISTE. Monsieur Desvoyes.
Troupe de Sauvages.
NIOBE. Mademoiselle Desmâtins.

### QUATRIE'ME ENTRE'E.

CAMPASPE. Mademoiselle Maupin.
ASTERIE. Mademoiselle Heusé.
APELLE. Monsieur Pithon.
ALEXANDRE. Monsieur Dun.
Troupe d'éleves d'Appelle.
Troupe d'étrangers.

### CINQUIE'ME ENTRE'E.

PIGMALION. Monsieur Thevenar.
Une Propetide. Mademoiselle Desmâtins.
VENUS. Mademoiselle Lognon.
La Statuë animée. Mademoiselle Clement.
Troupe des Arts conduits par la danse.

# LE TRIOMPHE DES ARTS, *BALLET.*

## PREMIERE ENTRE'E.
## L'ARCHITECTURE.

Le Theatre represente un Temple qu'on vient d'élever à Apollon, Dieu des Arts.

### LE GRAND PRESTRE.
Troupe de ceux qui ont servi à la construction du Temple.

### LE GRAND PRESTRE D'APOLLON
qui a dedié le Temple.

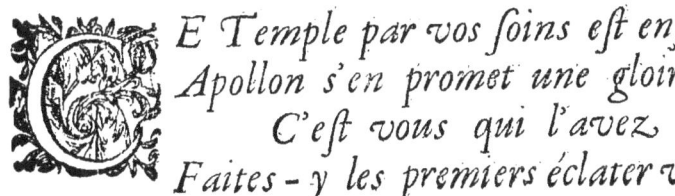E Temple par vos soins est enfin achevé,
Apollon s'en promet une gloire nouvelle;
C'est vous qui l'avez élevé
Faites-y les premiers éclater vôtre zele.

B

Celebrez Apollon, celebrez sa puissance,
 Les Arts luy doivent leur naissance,
 Celebrez sa gloire à jamais;
 Que vôtre zele égale ses bien-faits.

### CHOEUR.

Celebrons Apollon, celebrons sa puissance,
 Les Arts luy doivent leur naissance,
 Celebrons sa gloire à jamais :
 Que nôtre zele égale ses bien-faits.

### VENUS, sur son Char.

Cessez, mortels, cessez un vain hommage,
Faites d'un autre nom retentir ce sejour,
 Du Dieu des Arts ce Temple est le partage,
 Apollon l'est moins que l'Amour.

Que de nouveaux objets annoncent sa victoire,
 Mortels, reconnoissez sa gloire.

Les Statuës du Temple se changent en des amours qui tiennent les attributs des Arts.

Une simphonie anonce Apollon.

### VENUS.

Mais qu'entens-je ? Apollon vient luy-même en ces lieux,
Prétend-il resister au plus puissant des Dieux ?

# BALLET.
## APOLLON.

Non, non, ne croyez pas que je vienne deffendre
  Le droit que mes soins m'ont acquis,
  Venus, je cede à votre fils
  Tous les Titres qu'il voudra prendre.
  L'amour par de funestes coups
Ne m'a que trop appris à craindre son courroux.
Mais l'honneur dont il veut relever sa puissance
Appartient comme à nous au Heros de la France.
Laissons-en le partage à cet auguste Roy,
Les Arts luy doivent plus qu'à l'amour ny qu'à moy.

## VENUS.

  Mon fils consent à ce partage,
Il n'est point pour ce Roy de nom trop glorieux:
  Il est du Ciel le plus parfait ouvrage,
  Et sa grandeur fait la gloire des Dieux:

Venez plaisirs, formez la fête la plus belle,
Attirez s'il se peut, ses augustes regards;
Faites voir dans nos jeux le triomphe des Arts;
  Que chaque jour il renouvelle.

Un homme & une femme de la fête.

  Il est un temps pour être sage,
  C'est nôtre derniere saison,
  Mais quand on est dans le bel âge
  L'amour sied mieux que la raison.

B ij

Malgré nos soins, l'amour nous blesse
On ne peut éviter ses traits,
Il a des droits sur la jeunesse
Dont il ne dispense jamais.

### VENUS.

A quoy sert de se deffendre,
de former d'aimables nœuds ?
L'amour seul peut nous apprendre
Le secret de vivre heureux.

Aimons le poids de nos chaînes
L'amour compte nos soupirs,
C'est sur nos soins & nos peines
Qu'il mesure nos plaisirs.

### CHOEUR.

L'Amour nous suit dans cet azile,
Il n'est permis qu'à ses ardeurs
De troubler la paix tranquille
Qui regne dans les jeunes cœurs.

### VENUS.

Par de plus nobles jeux attirez les regards,
Allez vous transformer pour la gloire des Arts.

Fin de la premiére entrée.

# SECONDE ENTRÉE.
# LA POESIE.

Le Theatre represente le Temple de Venus, d'où l'on découvre la mer.

## SCENE PREMIERE.

### SAPHO.

Mour, tu ne te plais qu'à tromper nos desirs,
    Non tu n'as point de douces chaînes,
    Tu ne promets que des plaisirs
    Et tu ne donnes que des peines.
Quand un ingrat pour moy se sentit enflamer,
Devois-tu me le peindre & fidelle & sincere?
    Pourquoy l'aider à me charmer?

Où sont tous ces sermens que tu luy faisois faire
 Quand j'ay commencé de l'aimer,
J'ay cessé de luy plaire.
Amour, tu ne te plais qu'à tromper nos desirs,
 Non, tu n'as point de douces chaînes,
 Tu ne promets que des plaisirs,
  Et tu ne donne que des peines.

## SCENE SECONDE.
### SAPHO, DORIS.
#### DORIS.

J'Ay fait ce que vous souhaitez,
 Pour vous plaire ici tout s'empresse :
On va bien-tôt offrir à la Déesse
L'hommage ingenieux que vous luy presentez.

 Sapho, vous avez lieu de croire
Que Venus à vos vœux prêtera son secours,
 Quand vous servez si bien sa gloire
 Elle doit servir vos amours.

#### SAPHO.

Tu me flattes en vain, la douleur me surmonte
 Je me meurs d'amour & de honte.

Quelle fatale ardeur a seduit mes esprits ?
 Quel est l'excés où je m'engage !
Malheureuse ! je cours aprés un cœur volage,
 Et je viens chercher ses mépris !

# BALLET.

Mais Helas ! je n'ay pû m'empêcher de le suivre,
Quelque sort que l'ingrat me reserve en ces lieux,
  Loin de luy je ne sçaurois vivre,
Il me sera plus doux d'expirer à ses yeux.

## DORIS.

Il est temps que l'espoir succede à vôtre peine.
  De quel plaisir ne joüirez-vous pas
  Si vôtre amant reprend sa chaîne ?
  Ah ! qu'un inconstant a d'apas
  Quand l'amour le ramene.

## SAPHO.

Eh ! l'ingrat devoit-il porter ailleurs sa foy ?
Peut-il trouver un cœur qui l'aime comme moy ?

  Tu connois ma tendresse extrême,
Mon cœur est tout rempli de ce perfide amant.
  Le jour, la nuit, le sommeil même
  Ne peut m'en distraire un moment.
  Tout m'entretient de l'objet qui m'enchante,
C'est la seule douceur qui flate mon ennuy :
Sans cesse à mes regards son image est presente,
Et même en te parlant je te vois moins que luy.

## DORIS.

  Que vôtre ardeur est violente,
Mon ame s'atendrit au recit de vos feux.
  Helas ! que vous seriez contente,
Si le plus tendre cœur étoit le plus heureux.

## SAPHO, DORIS.

  Helas ! que { je serois / vous seriez } contente.
Si le plus tendre cœur étoit le plus heureux.

DORIS.

*Mais vôtre sort va prendre une face nouvelle,*
*On s'avance en ces lieux, prenez un doux espoir,*
*La Déesse va recevoir*
*L'hommage qu'Apollon vous a dicté pour elle.*

## SCENE TROISIEME.
### SAPHO, DORIS, LA PRETRESSE DE VENUS.

Troupe d'amants & d'amantes consacrées à la Déesse, & portant les attributs des Dieux, dont ils élevent un Trophée à Venus. Ils chantent l'Himne que Sapho a composé à l'honneur de Venus, pour se la rendre favorable.

### LE CHOEUR.

*Regnez, Venus, regnez favorable Déesse,*
*Charmez les cœurs que l'amour blesse,*
*Enchantez la terre & les Cieux,*
*Triomphez, à jamais des mortels & des Dieux.*

### LA PRETRESSE.

*Exercez dans le monde un empire suprême,*
*Faites sentir par tout vos charmantes langueurs;*
*On joüit sous vos loix d'une douceur extrême,*
*Et vous repandez dans les cœurs*
*Tous les plaisirs que vous goûtez vous-même.*

LE

## LE CHOEUR.

*Regnez, Venus, regnez, favorable Déesse,*
*Charmez les cœurs que l'amour blesse,*
*Enchantez la Terre & les Cieux,*
*Triomphez à jamais des mortels & des Dieux.*

Un amant & une amante.

*Tendres cœurs sur ces rivages*
*Goûtez le sort le plus doux :*
*Vos plaisirs sont les hommages*
*Que Venus attend de vous.*
    *Quelle est l'ame*
    *Qui ne s'enflâme ;*
*Sans amour*
    *A-t'on un beau jour ?*
*Tendres cœurs sur ces rivages*
*Goûtez le sort le plus doux :*
*Vos plaisirs sont les hommages*
*Que Venus attend de vous.*
*Elle aime à servir nos feux,*
  *Ses plus doux vœux*
*Sont de nous rendre heureux.*
*Tendres cœurs sur ces rivages*
*Goûtez le sort le plus doux :*
*Vos plaisirs sont les hommages*
*Que Venus attend de vous.*

### Deux autres amants.

Jeunes cœurs, si vous voulez charmer,
Laissez-vous enflâmer,
Le secret de plaire
Est de bien aimer.
L'amour fuit la beauté severe,
Sans ses feux les plus doux apas
Ne touchent pas.
Jeunes cœurs, si vous voulez charmer,
Laissez-vous enflâmer,
Le secret de plaire
Est de bien aimer.
Aimons tous, nôtre cœur en doit faire
Son unique affaire,
Qui sent l'amour
L'inspire à son tour.
Jeunes cœurs, si vous voulez charmer,
Laissez-vous enflâmer,
Le secret de plaire
Est de bien aimer.

### LA PRESTRESSE.

Quel transport me saisit, & quelle ardeur m'enflâme !
La nuit de l'avenir se dévoile à mes yeux.
Tremblez, mortels, le Ciel vient d'éclairer mon ame,
Que tout respecte en moy la presence des Dieux.

Sapho, c'est trop verser de larmes,
Le repos desormais va regner dans ton cœur,
Je vois la fin de tes alarmes,
Et je ne sçaurois voir la fin de ton bonheur.

## SCENE QUATRIÉME.

### SAPHO.

Revenez doux plaisirs, revenez dans mon cœur,
   L'esperance vous y rapelle.
   L'amour touché de ma langueur
Va renoüer pour moy les nœuds d'un infidelle.
Revenez doux plaisirs, revenez dans mon cœur,
   L'esperance vous y rapelle.
Rien ne troublera plus une flâme si belle,
   Ce qu'elle eut pour moy de rigueur
M'y fera retrouver une douceur nouvelle.
Revenez doux plaisirs, revenez dans mon cœur,
   L'esperance vous y rapelle.
Mais Ciel! c'est mon amant qui paroît dans ces lieux,
Pour connoître son cœur cachons-nous à ses yeux.

## SCENE CINQUIÈME.
### PHAON, SAPHO.

#### PHAON sans voir SAPHO.

O Venus ! sois sensible au trouble où tu me vois.
    L'amour t'implore par ma voix.
Je cherche dans ces lieux une Nimphe charmante,
    Et pour me ranger sous sa loy,
Je me dérobe aux vœux de la plus tendre amante,
Fais que toute l'ardeur qu'elle sentoit pour moy,
    Passe dans l'objet qui m'enchante.
O Venus ! sois sensible au trouble où tu me vois,
    L'amour t'implore par ma voix.

#### SAPHO.

Perfide, c'est donc là le sujet qui t'amene !
Tu viens prier Venus pour de nouveaux liens ?
Et je la presse en vain de renoüer ta chaîne,
Ton cœur luy fait des vœux qui détruisent les miens.

#### PHAON.

Vous m'avez entendu, je n'ay rien à répondre ;
    Mon changement est éclairci,
    Mais pourquoy chercher jusqu'icy
    Le vain plaisir de me confondre ?

#### SAPHO.

Cruelle, c'est donc le seul dont je dois me flatter ?

## BALLET.
#### PHAON.
L'amour sous d'autres loix a voulu m'arrêter.
#### SAPHO.
O Ciel ! faut-il qu'un ingrat me déclare
Qu'à sortir de mes fers, il a pû consentir.
Je n'en veux point l'aveu, barbare,
Je n'en veux que le repentir.

Heureuse qu'à mon gré ton amour pût renaître !
#### PHAON.
Un cœur suit toûjours son panchant,
Il ne connoît point d'autre maître
Rien ne peut le rendre constant,
Que le plaisir qu'il sent à l'être.
#### SAPHO.
Quoy rien ne peut pour moy ralumer tes ardeurs ?
#### PHAON.
Accusez-en le Dieu qui dispose des cœurs.
#### SAPHO.
Toy, que pour mon amant ma Muse a fait connoître,
Ingrat tu trahis nos amours !
Nos noms sont unis pour toûjours
Et nos cœurs ne le peuvent être !

Grands Dieux, pourquoy donc ce presage
Dont vous me flattiez aujourd'huy
Vous deviez sous mes loix ramener un volage ;
Mais vous me trompez comme luy.

*Ah! c'en est trop, suivons la fureur qui me guide;*
*Terminons un funeste sort;*
*Je n'ay pû t'arracher un seul soupir, perfide,*
*Il faut l'obtenir par ma mort.*

Elle court se précipiter dans la mer.

### PHAON.

*Arretez, arretez, où courez-vous, cruelle?*
*O Ciel! elle perit, quelle douleur mortelle !*

## SCENE SIXIE'ME.

On entend une simphonie agreable.

### PHAON.

*Quels sons de mes regrets interrompent le cours?*
*Cessez charmans concerts, laissez-moy ma tristesse;*
*C'est pour moy que Sapho vient de finir ses jours,*
*Du moins je la plaindray sans cesse,*
*Si je n'ay pû l'aimer toûjours.*

Neptune paroît sur la mer.

*Cesse de plaindre une Déesse,*

*Sapho prend sa place en ce jour*
*Entre les filles de memoire.*
*Le Ciel qui prend soin de sa gloire,*
*Veut l'égaler à son amour.*

Fin de la seconde entrée.

# TROISIEME ENTREE.
# LA MUSIQUE.
Le Theatre represente un desert.

## SCENE PREMIERE.
### AMPHION, MENALE.
### AMPHION.

Elas! avec un cœur si genereux, si tendre,
    Que n'avois-je un Throne à donner?
Pour l'objet de ma flâme on m'en verroit descendre:
  Ma main promte à le couronner
Se chargeroit d'un soin que les Dieux devoient prendre.
Helas! avec un cœur si genereux, si tendre,
    Que n'avois-je un Throne à donner?

## MENALE.

*Esperez tout de vôtre voix,*
*Rassemblez les humains, obtenez leurs hommages,*
*Vous sçavez attirer les rochers & les bois,*
*Les mortels sont-ils plus sauvages ?*

## AMPHION.

*Je vais enfin tenter ce dessein glorieux ;*
*Que ne peut point mon art secondé par les Dieux ?*

*O ! vous, qui lancez le tonnerre,*
*Vous, que craint le Ciel même & qu'adore la terre,*
*Jupiter, si c'est vous dont j'ay reçû le jour,*
*Servez en ce moment ma gloire & mon amour.*

Pendant ce recit le Theatre change, & devient insensiblement la ville de Thebes.

*Antres affreux, retraittes sombres,*
*Que ma voix dissipe vos ombres,*
*Que de superbes murs dans vôtre sein formez,*
*Etonnent le Soleil de leurs beautez naissantes ;*
*Tristes lieux, devenez des demeures brillantes,*
*Dignes de plaire aux yeux dont les miens sont charmez.*

*Vous, sauvages mortels, descendez des montagnes,*
*Quittez les bois & les campagnes.*
*Sous un empire heureux il faut vous réünir ;*
*Faites regner l'objet pour qui mon cœur soûpire,*
*Venez, si ma voix vous attire*
*Ses yeux sçauront vous retenir.*

Chœur

BALLET.

*Chœur des Sauvages derriere le Theatre.*

Rassemblons-nous, quittons nos retraittes sauvages,
A de si doux accens nous devons nos hommages.
*Ils entrent aprés que le Chœur est fini.*

## SCENE DEUXIE'ME.
### NIOBE, CHŒUR DE SAUVAGES.
#### NIOBE.

Quels sons ay-je entendus! jamais rien de si doux...
Mais, ô Dieux! Amphion, en quels lieux som-
—— mes-nous?
Quels prodiges vois-je paroître?

#### AMPHION.

Pourquoy vous en étonnez-vous?
C'est vous qui les avez fait naître.

Ces mortels à ma voix rassemblez dans ces lieux,
Ces ramparts, ces Palais, l'ornement de la Grêce,
   Sont les effets de l'ardeur qui me presse,
Et cette ardeur est l'effet de vos yeux.

   A suivre vos loix tout aspire,
Regnez, & jouissez d'un destin plein d'attraits,
   Commencez icy vôtre empire,
Qu'il s'étende par tout & qu'il dure à jamais.
*Le Chœur repete ces quatre derniers vers.*
D

## AMPHION.

Vos yeux de tous les cœurs vous attirent l'hommage,
Avec moy tout embrasse un Empire si doux :
 Non, Il n'est point de cœur assez sauvage
 Pour l'être encore auprés de vous.

## NIOBE.

Helas ! tout ce pouvoir ne touche point mon ame,
Je hais ces nouveaux soins, dont vous m'embarassez ;
 Avez-vous crû que ma flâme
 Ne m'occupoit pas assez.

 Jamais pour la grandeur suprême
 Ay-je formé les moindres vœux,
Ah ! vous sçavez trop bien que mon cœur amoureux
 Ne cherchoit en vous que vous-même.

## AMPHION.

 Pour gage éclattant de ma foy,
 Je vous devois une couronne :
 Le pouvoir que mon Art vous donne,
Devoit prouver celuy que vous avez sur moy.

## NIOBE.

Je voulois sur vous seul étendre ma victoire,
De quoy me sert le rang où je monte en ce jour ;
 Retranchez plûtôt de ma gloire,
 Pour ajoûter à vôtre amour.

## AMPHION.

 Rien n'est si fort que l'amour qui m'engage.
Jamais on n'a brûlé d'une si vive ardeur,
 Il faudroit avoir plus d'un cœur
 Pour en ressentir davantage.

## BALLET.
## AMPHION ET NIOBE.

C'est de vos seuls plaisirs que je fais mon bonheur ;
Qu'à vos, vœux, icy, tout réponde,
Vivez heureux, }
Vivez heureuse, } & regnez dans le monde
Aussi long-temps que dans mon cœur.

### CHOEUR.

A suivre nos loix tout aspire,
Regnez & joüissez d'un destin plein d'attraits,
Commencez sur nous vôtre Empire,
Qu'il s'étende par tout & qu'il dure à jamais.

Les Sauvages élevent un Thrône à Amphion & à Niobe,
& leur rendent leurs hommages.

### Un Sauvage.

Quel est le cœur qu'un tendre amour n'entraîne ?
Qui peut dompter ses aimables langueurs ?
De tous nos traits souvent l'attaque est vaine,
Et nos efforts ne sont pas tous vainqueurs.
Mais l'amour porte une atteinte certaine,
Ses traits charmans ne manquent point les cœurs.

### NIOBE.

Amour c'est à toy seul que je dois mes plaisirs,
La gloire de regner flatte peu mes desirs ;
Tes chaînes sont pour moy mille fois plus aimables :
Je crains que de mon sort les Dieux ne soient jaloux,
Ils goûtent dans les Cieux les biens les plus durables,
Mais mon cœur enchanté possede les plus doux.

*Une Sauvage.*

*En aimant*
*Tout paroît charmant;*
*Est-il un plaisir plus touchant?*
*Heureux, heureux un cœur qui pour maître*
*N'a que son penchant.*
*Dans les bois le sort nous fit naître,*
*Mais tous les lieux ont des attraits*
*Pour ceux qu'amour a blessé de ses traits.*
*En aimant*
*Tout paroît charmant;*
*Est-il un plaisir plus touchant?*
*Heureux, heureux un cœur qui pour maître*
*N'a que son penchant.*
*Tous nos vœux*
*Et tous nos soins sont de nous rendre heureux,*
*Nous aimons pour l'être,*
*Nos tendres desirs*
*Sont déja des plaisirs.*
*En aimant*
*Tout paroît charmant;*
*Est-il un plaisir plus touchant?*
*Heureux, un cœur qui pour maître*
*N'a que son penchant.*

**Fin de la troisiéme entrée.**

# QUATRIÉME ENTRÉE.
# LA PEINTURE.

Le Theatre represente le Cabinet d'Apelle dans le Palais d'Alexandre, où son histoire est peinte de la main d'Apelle.

## SCENE PEMIERE.

### CAMPASPE.

Qu'un cœur est prevenu quand sa flâme est
　　extrême !
Qu'il trouve de raisons pour aimer ce qu'il
　　aime !
Contre mes vœux la gloire a beau se déclarer,
La raison vainement s'arme pour les détruire,
　　L'amour sçait bien mieux nous seduire
　　Que la raison ne sçait nous éclairer.
Qu'un cœur est prevenu quand sa flâme est extrême !
Qu'il trouve de raisons pour aimer ce qu'il aime !

## SCENE SECONDE.
### CAMPASPE, ASTERIE.

#### CAMPASPE.

APelle en ces lieux va se rendre,
C'est icy que sa main doit achever mes traits,
Mais je crains que son Art n'ajoûte à mes attraits,
Et ne redouble encor la flâme d'Alexandre.

#### ASTERIE.

Quoy son amour peut-il vous allarmer?
Craignez-vous de le rendre extrême?

#### CAMPASPE.

Puis-je me plaire à l'enflâmer?
Helas! ce n'est pas luy que j'ayme.

#### ASTERIE.

Vous ne l'aimeriez pas? à qui donc vôtre cœur
Peut-il ceder une indigne victoire?

#### CAMPASPE.

Cesse d'outrager mon vainqueur,
Ces lieux sont remplis de sa gloire.
Que pour moy ces travaux ont de charmans appas!

#### ASTERIE.

Du Maître de ces lieux c'est l'histoire immortelle,
J'y vois sa gloire & ses combats.

# BALLET.
## CAMPASPE.

Et moy j'y vois encor les Triomphes d'Apelle.

L'Art plus que la valeur, est aimable à mes yeux.
Par luy tout agit, tout respire,
Il semble animer tous à l'exemple des Dieux,
La valeur ne sçait que détruire.

## ASTERIE.

La gloire du Heros devoit vous enflâmer;
Il tient entre ses mains le destin de la guerre,
Rien ne resiste aux vœux qu'il luy plait de former,
Le Ciel même à son gré fait tomber le Tonnerre.

## CAMPASPE.

Je sçay qu'il fait trembler la Terre,
Mais Apelle sçait la charmer.

Mon cœur auroit aimé peut-être
Cet aimable Heros dont j'allume les feux;
Mais avant qu'il m'offrît ses vœux,
Apelle de mon cœur étoit déja le maître.

## ASTERIE.

Faites pour l'en bannir un effort genereux.

## CAMPASPE.

Non non, ne combat plus l'ardeur qu'il a fait naître.
C'est un mal que j'aime à souffrir,
Je hais ce qui peut m'en guerir,
Et je ne veux songer qu'à ce qui peut l'accroître.

Mais je vois Apelle paroître,
Helas! qu'en le voyant je me sens attendrir!

## SCENE TROISIE'ME.
### APELLE, CAMPASPE.
#### APELLE.

POur exprimer les traits dont le Ciel vous partage,
 L'Art n'a que de foibles beautez,
Le seul amour peut en tracer l'image
Dans les cœurs que vous enchantez.
#### CAMPASPE.
Vous avez peint Venus, elle a charmé la Grece,
Un cœur en la voyant apprend à soupirer,
 Et vous avez fait reverer
 L'Ouvrage autant que la Déesse.

 Aprés Venus est-il d'autres appas
 Que vôtre Art n'embeliſse pas?
#### APELLE.
Venus est la beauté que l'Univers adore,
 Tout céde à ses charmes vainqueurs :
 Mais qui vous voit est plus épris encore,
Et ses yeux n'ont jamais allumé dans les cœurs
 Le feu qui pour vous me dévore.
#### CAMPASPE.
Que venez-vous m'apprendre? Apelle vous m'aimez
#### APELLE.
 J'en fais un aveu temeraire,
 Mais malgré moy vous me charmez,
 Et j'ay trop d'amour pour le taire.

# BALLET.

*Mon amour à la gloire est venu m'animer,*
*Le monde est embeli de ce qu'il m'a fait faire,*
*Je voulois être au moins digne de vous aimer,*
 *Si je ne l'étois de vous plaire.*

## CAMPASPE.

*Helas !*

## APELLE.

*Que ce soupir trouble mon cœur jaloux,*
 *Il s'échape pour Alexandre*
 *Et m'annonce vôtre couroux ;*
*A ce partage helas ! je devois bien m'attendre.*

## CAMPASPE.

*Que vous êtes cruel de ne le pas comprendre !*

## APELLE.

 *Que croire ? & que me dites-vous ?*
*Aurois-je quelque part à ce soupir si tendre ?*

## CAMPASPE.

*Mes yeux osent le dire & vous n'osez l'entendre.*

## APELLE.

*Ah ! C'est trop de plaisirs, mon cœur les ressent tous*
*Je vais de leur excés mourir à vos genoux.*

 Il se jette aux genoux de Campaspe, & il y est
   surpris par Alexandre.

E

## SCENE QUATRIE'ME.

### ALEXANDRE, CAMPASPE, APELLE.

#### ALEXANDRE.

Que vois-je ? on me trahit, ô Dieux le puis-je croire ?
　　Quel malheur m'accable en ce jour ?
Ciel ! me fais-tu payer les faveurs de la gloire,
　　Par les outrages de l'amour.

*à Apelle.*

Perfide, c'est sur toy qu'il faut vanger ma peine,
J'éteindray dans ton sang ta temeraire ardeur :
Rien ne peut t'arracher au courroux qui m'entraîne,
　　Jusqu'à la vangeance & la haine,
　　Tout est extrême dans mon cœur.

#### CAMPASPE.

Ah ! faites grace à sa tendresse,
Son cœur pour moy s'est laissé prévenir :
　　Vous avez la même foiblesse ;
　　Pourquoy voulez-vous l'en punir ?

#### ALEXANDRE.

Cruelle, c'en est trop, son ardeur vous est chere,
C'est ce qui contre luy doit encor m'animer :
Son crime est d'être heureux plûtôt que temeraire
Il ne perira pas pour oser vous aimer,
　　Mais pour sçavoir vous plaire.

## BALLET.
### CAMPASPE.

Ah ! Seigneur, gardez-vous d'attenter à son sort ;
N'allez point vous couvrir d'une tache éternelle,
Quand son Art vous assure une vie immortelle,
 Pourriez-vous luy donner la mort ?

### APELLE.

Non non suivez les transports de vôtre ame,
 Faittes-moy tomber sous vos coups,
 Je ne puis surmonter ma flâme ;
 Ny soûtenir vôtre courroux.

### ALEXANDRE.

Eh bien ! c'est donc à moy de me vaincre moy-même,
 Mon cœur doit être le plus fort ;
 Mais quoy ! ceder ce que l'on aime ?
Ah ! quel cœur l'est assez pour un si grand effort.

### APELLE ET CAMPASPE.

Sur vous-même aujourd'huy remportez la victoire,
Couronnez nôtre amour, & comblez vôtre gloire,

### ALEXANDRE à Campaspe.

Je dompte enfin pour vous l'amour le plus ardent,
Jamais je n'ay souffert une si rude guerre,
Je suivois mon penchant en soumettant la Terre,
 Et j'y resiste en vous cedant.

### CAMPASPE.

 Seigneur, cet effort nous engage....

### ALEXANDRE.

Je vous laisse, à vos vœux je viens de consentir ;
 Mais en vous voyant davantage
 Je craindrois de m'en repentir.

## SCENE CINQUIEME.

### APELLE, CAMPASPE.

#### APELLE.

Vous qu'une noble ardeur a rangez sous mes loix,
Qui cherchez par mon Art une illustre memoire,
Venez, accourez à ma voix,
Celebrez mon amour, celebrez ma victoire,
Chantez mon bonheur & ma gloire.

Par des jeux nouveaux & charmants
Secondez les transports de deux heureux amants.

Des Eleves d'Apelle luy amenent des étrangers attirez par sa réputation, qui se joignent avec eux pour celebrer son bonheur.

#### Un Indien.

Par tout la renommée a pris soin de répandre
De ton Art enchanteur les prodiges divers ;
Ton nom vole aussi loin que le nom d'Alexandre ;
Nous venons t'admirer du bout de l'Univers.

#### CHOEUR.

Celebrons son amour, celebrons sa victoire,
Chantons son bonheur & sa gloire.

# BALLET.

*Un éleve d'Apelle.*

*Nos beaux ans*
*Sont le bon temps*
*Pour la tendresse ;*
*Que les coups d'amour sont doux*
*Dans la jeunesse !*
*Il n'est point de bien pour nous,*
*S'il ne nous blesse.*
*Quand un cœur*
*Fuit son ardeur,*
*Qu'il est à plaindre !*
*Ce vainqueur*
*Pour son bonheur*
*Veut le contraindre.*
*Cedons tous,*
*De nos vœux il est jaloux,*
*C'est son courroux*
*Qu'un cœur doit craindre.*

Une Indienne à Apelle & à Campaspe.

*Vous attachez tous deux les graces sur vos pas,*
*Vous gagnez tous les cœurs par d'invincibles armes ;*
*L'Art fait briller par vous ses plus puissans appas,*
*Et la nature en vous fait briller tous ses charmes.*

Fin de la quatriéme entrée.

# CINQUIÉME ENTRÉE.
# LA SCULPTURE.

Le Theatre represente l'Atelier de Pigmalion au milieu duquel paroît la Statuë dont il est charmé.

## SCENE PREMIÉRE.
### PIGMALION SEUL.

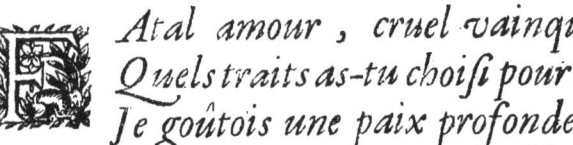atal amour, cruel vainqueur,
Quels traits as-tu choisi pour me percer le cœur?
Je goûtois une paix profonde.
L'estime des mortels avoit comblé mes vœux;
Pourquoy viens-tu par de bizarres feux,
Me rendre la fable du monde?
Fatal amour! cruel vainqueur!
Quels traits as-tu choisi pour me percer le cœur?
je tremblois de t'avoir pour maître,
J'ay craint d'être sensible, il falloit m'en punir,
Mais devois-je le devenir
Pour un objet qui ne peut l'être.
Fatal amour, cruel vainqueur,
Quels traits as-tu choisi pour me percer le cœur?

    Cette beauté que rien n'égale....

# BALLET.

## SCENE DEUXIE'ME.
### PIGMALION, UNE PROPETIDE.

#### LA PROPETIDE.

INgrat, c'est donc icy que tu portois tes pas?
Où t'entraîne sans cesse une flâme fatale?
Tu me fuis pour chercher d'insensibles appas,
   Et cet Ouvrage est ma rivale,

#### PIGMALION.
Accusez-en le celeste courroux :
Je brûle d'un ardeur que je ne puis éteindre,
Mon cœur se la reproche encore plus que vous,
   Mais il n'en est que plus à plaindre.

Cessez d'aimer l'objet de la haine des Dieux,
Etouffez vôtre amour, que la raison le dompte ;
   Fuyez, fuyez loin de ces lieux,
Et cachez à jamais vos soupirs & ma honte.

#### LA PROPETIDE.
Que je fuye! ah ! cruel, est-il en mon pouvoir?
   En vain tu brave qui t'adore,
   Par tes mépris mon feu s'irrite encore,
Ma vie est attachée au plaisir de te voir.
Non tu n'es point l'objet de la haine celeste,
C'est sur moy que le Ciel épuise sa rigueur,
   Et Venus poursuit dans mon cœur,
Le reste malheureux d'un sang qu'elle déteste.

Ciel ! tu ne daignes pas écouter mes regrets,
Tes regards sont sans cesse attachez sur ces traits.
Pourquoy ton Art fit-il une image si belle ?
　　Helas ! que n'ay-je ses attraits,
Ou que ne suis-je insensible comme elle ?

  PIGMALION regardant la Statuë.
  Ah ! s'il étoit une mortelle....

## LA PROPETIDE.
Ingrat n'acheve pas tes barbares souhaits.

## PIGMALION.
  Non je ne puis le taire davantage,
Mon cœur cherche par tout les traits de cet objet,
  Et si c'est vous faire un outrage,
Je vous offre à percer le cœur qui vous le fait.

## LA PROPETIDE.
  Je puniray mieux ton caprice,
C'est en t'aimant toûjours qu'il faut vanger ma foy,
  Je ne puis inventer pour toy,
  Un plus cruel supplice.

## PIGMALION.
  O Venus mere des plaisirs,
  Daigne enfin calmer ta colere,
Etouffe dans nos cœurs de malheureux desirs
  Ou consens à les satisfaire.

Qu'entends-je ? & quel éclat se répand dans ces lieux ?
  C'est Venus qui s'offre à mes yeux.

      SCENE

## SCENE TROISIÈME.
VENUS, LA PROPETIDE, PIGMALION.

### VENUS.

JE viens finir les maux où ta flâme t'engage,
Mon fils pour ton bonheur veut s'unir avec moy;
   Je vais animer cette image,
Et l'amour aussi-tôt doit l'enflâmer pour toy;

C'est ainsi que ton Art reçoit la récompense.

### LA PROPETIDE.

Cruelle, à quel excés portes-tu ta vangeance?
   Non, barbare Divinité,
   Je ne redoute plus ta haine,
   Je te défie avec ta cruauté
   De rien ajoûter à ma peine.

Souffre à ton tour les maux que tu fais aux mortels,
Que ton fils te déclare une implacable guerre:
   Et qu'avec moy toute la Terre,
Ose outrager ton nom, & briser tes Autels.

   Vain transport, inutile plainte,
Le secours de ce fer servira mieux mon cœur,
   Mais il m'échape, & la douleur
   M'accable, & prévient son atteinte.

## VENUS.

*J'ay pitié de sa peine, & par son changement*
*Je veux vanger ma gloire & finir son tourment.*
Elle est changée en rocher.

à Pigmalion.

*Toy reconnois ta nouvelle conquête,*
 *L'amour veut servir tes desirs :*
 *Bien-tôt par une aimable fête,*
*Les Arts vont en ces lieux celebrer tes plaisirs.*

Venus part, & l'Amour vole avec un flambeau devant la Statuë qui devient animée.

## SCENE QUATRIE'ME.

### PIGMALION, LA STATUE.

#### LA STATUE.

Que vois-je ? où suis-je ? & qu'est-ce que je pense ?
D'où me viennent ces mouvemens ?
Que dois-je croire, & par quelle puissance
Puis-je exprimer mes sentimens ?
Mais quel est cet objet ? mon ame en est ravie,
Je goûte en le voyant le plaisir le plus doux.
Ah ! je sens que les Dieux qui me donnent la vie,
Ne me la donnent que pour vous.

#### PIGMALION.

De mes maux à jamais cet aveu me délivre,
Vous seule, aimable objet, pouviez me secourir :
Si le Ciel ne vous eût fait vivre ;
Il me condamnoit à mourir.

#### LA STATUE.

Quel heureux sort pour moy ! vous partagez ma flâme,
Ce n'est pas vôtre voix qui m'en instruit le mieux ;
Mais je reconnois dans vos yeux
Ce que je ressens dans mon ame.

#### PIGMALION.

Pour un cœur tout à moy puis-je trop m'enflâmer ?
Que vôtre ardeur doit m'être chere !
Vos premiers mouvemens ont été de m'aimer.

LA STATUE.

*Et mes premiers ſoins de vous plaire.*

*Je ſuivray toûjours vôtre loy,*
*Prenez le ſoin d'un deſtin que j'ignore,*
*Tout ce que je connois de moy,*
*C'eſt que je vous adore.*

PIGMALION ET LA STATUE.

*Aimons-nous, aimons-nous toûjours,*
*Nôtre bonheur dépend de nos amours.*

PIGMALION.

*Ce concert nous annonce une agréable Fête,*
*Les Arts viennent icy celebrer ma conquête.*

## SCENE CINQUIEME.

### PIGMALION, LA STATUE.

Chœur des Arts conduits par la danse.

### CHOEUR.

JOüissez d'un bonheur extrême,
Que de vos feux rien n'arrête le cours.
Et que l'amour vous apprenne luy-même
L'Art de plaire & d'aimer toûjours.

Un Matelot pour la Navigation.

Embarquez-vous, jeunesse trop timide,
Profitez d'un heureux loisir ;
Aimez, aimez, l'amour est le seul guide
Qui mene les cœurs au plaisir.

Une Paysanne pour l'Agriculture.

Le plaisir est dans nos bocages,
L'amour nous y suit toûjours,
Nous voyons tomber nos feüillages
Sans voir finir nos beaux jours.
Quand la belle saison cesse,
Nos cœurs ne sont pas moins contens,
Et la jeunesse & la tendresse
Nous tiennent lieu du Printemps.

Mademoiselle Ghuerardi representant la Musique chante l'Air Italien.

Un dolce canto di vaga beltà,
Puol dar si vento diu cantar la liberta :
Ei rende immota la Dea vagante,
El crin volante porger le fa.

### L'ASTROLOGIE.

Amans que l'avenir allarme,
En vain sur vôtre sort vous consultez les Cieux,
Vous en apprendrez plus de l'objet qui vous charme,
Le sort qui vous attend est écrit dans ses yeux.

### LE CHOEUR.

Du doux bruit de nos chants, que ces beaux lieux raisonnent
Que l'Hymen, que l'amour vous couronnent,
Que ces Dieux comblent vos desirs
Joüissez de tous leurs plaisirs.

Fin de la cinquiéme & derniére entrée.

www.ingramcontent.com/pod-product-compliance
Lightning Source LLC
Chambersburg PA
CBHW070714050426
42451CB00008B/643